CATTY LA CHATTE

Sentiments et Émotions

Par Irsa Jawed

Illustrations de Spectacokids

Ce livre appartient à:

■ ■ ■ ■ ■ ■ ■ ■ ■ ■ ■

À mes enfants Ashar, Zidan et Ayat

Pour plus d'informations, contactez Irsa Jawed par courriel à Spectacokids@gmail.com

Comme tout le monde, Catty la chatte ressent toutes sortes de sentiments et d'émotions! Peux-tu les reconnaître et les nommer?

Catty est

triste.

Catty est en
colère.

Catty est confuse.

Catty est dégoûtée.

Catty est gênée.

Catty a

peur.

Catty est
heureuse.

Catty est

blessée

Catty est

surprise.

Catty est

malade.

H
AMBULA

Catty est

fatiguée.

Il ne faut jamais oublier que ressentir des émotions différentes est normal. Il faut juste savoir comment les exprimer de manière appropriée.